GARANTIE DE LA PROPRIÉTÉ INDUSTRIELLE

EN

FRANCE ET A L'ÉTRANGER

BREVETS D'INVENTION
MARQUES DE FABRIQUE
DÉPOTS AUX PRUD'HOMMES

PAR

ARMENGAUD Aîné, Ingénieur

ANCIEN ÉLÈVE DE L'ÉCOLE CENTRALE DES ARTS ET MANUFACTURES

MAISON FONDÉE EN 1836

45, Rue Saint-Sébastien, Paris

PRIX: **2** FRANCS

EN VENTE

Chez l'Auteur et les principaux Libraires

Cabinet de M. **ARMENGAUD** aîné, Ingénieur,

ANCIEN ÉLÈVE DE L'ÉCOLE CENTRALE DES ARTS ET MANUFACTURES

Fondé en 1836

POUR LA

GARANTIE DE LA PROPRIÉTÉ INDUSTRIELLE

EN

FRANCE ET A L'ÉTRANGER

ALFRED COINY, INGÉNIEUR,

Chef des Travaux Techniques.

OPÉRATIONS :
Obtention des Brevets,

PRÉPARATION DE TOUTES LES PIÈCES ET DESSINS,

Copies authentiques des Brevets en vigueur ou déchus,

DÉPOT DE MARQUES ET MODÈLES DE FABRIQUES DANS TOUS PAYS,

Plans, Dessins ou Tracés cotés pour les Arts ou la Construction,

CONFECTION DE DESSINS ET GRAVURES SUR BOIS, CUIVRE OU ACIER,

Avis motivés et Consultations Industrielles.

ÉTUDES ET PROJETS.

TRAVAUX D'INGÉNIEUR.

PROPRIÉTÉ INDUSTRIELLE

Le droit à la garantie industrielle est un fait aujourd'hui passé dans les mœurs de tous les peuples
civilisés, et l'on peut dire qu'il est devenu le point
d'appui de tout progrès, puisque seul il donne à
l'inventeur la sécurité dans ses découvertes et la ré-
compense légitime de son labeur. Les lois qui l'ont
favorisé dans ce sens sont des lois d'équité qui ont
enrichi les pays où elles ont un caractère efficace et
libéral.

Cependant, à côté de la protection due à l'inventeur, le législateur devait songer à défendre les in-
térêts supérieurs de la société qu'il représente. Il a
créé, pour cela, des empêchements, des obstacles
multiples qui font que celui-là seul peut jouir du
privilége, qui en est digne, en droit, ou qui ne
cesse de le mériter.

L'inventeur vivant en dehors de ces préoccupations pour reporter toutes ses facultés sur son
œuvre, est, dans la plupart des cas, surpris par les

1

légitimes rigueurs de la loi, ou sait mal se défendre contre des compétiteurs habiles. Lui donner un conseil juste le sauverait. Telle est la cause qui a déterminé, il y a *quarante ans*, la création de la Maison ARMENGAUD aîné, pour une profession dans laquelle elle a toujours été au premier rang.

Sans part dans les aperçus personnels de l'inventeur, loyalement désintéressée du côté commercial et de l'exploitation, elle offre au plus haut degré les garanties d'impartialité qui lui ont valu la notoriété dont elle jouit.

DES BREVETS D'INVENTION

LOI DU 5 JUILLET 1844.

TITRE Ier.

DISPOSITIONS GÉNÉRALES.

Article 1er. — Toute nouvelle découverte ou invention dans tous les genres d'industrie confère à son auteur sous les conditions et pour le temps ci-après déterminés, le droit exclusif d'exploiter à son profit ladite découverte ou invention.

Ce droit est constaté par des titres délivrés par le gouvernement, sous le nom de brevets d'invention.

Art. 2. — Seront considérés comme inventions ou découvertes nouvelles :

L'invention de nouveaux produits industriels;

L'invention de nouveaux moyens ou l'application nouvelle de moyens connus, pour l'obtention d'un résultat ou d'un produit industriel.

Art. 3. — Ne sont pas susceptibles d'être brevetés :

1° Les compositions pharmaceutiques ou remèdes de toute espèce, lesdits objets demeurant soumis aux lois et règlements spéciaux sur la matière, et notamment aux décrets du 18 août 1810, relatifs aux remèdes secrets;

2° Les plans ou combinaisons de crédit ou finances.

Art. 4. — La durée des brevets sera de cinq, dix ou quinze années.

Chaque brevet donnera lieu au payement d'une taxe, qui est fixée ainsi qu'il suit, savoir :

Cinq cents francs pour un brèvet de cinq ans ;

Mille francs pour un brevet de dix ans ;

Quinze cents francs pour un brevet de quinze ans.

Cette taxe sera payée par annuités de cent francs, sous peine de déchéance, si le breveté laisse écouler un terme sans l'acquitter.

TITRE II.

DES FORMALITÉS RELATIVES A LA DÉLIVRANCE DES BREVETS.

SECTION I.

Des demandes de Brevets.

Art. 5. — Quiconque voudra prendre un brevet d'invention devra déposer, *sous cachet, au secrétariat de la préfecture,* dans le département où il est domicilié, ou dans tout autre département en y élisant son domicile :

1° *Sa demande au ministre de l'agriculture et du commerce ;*

2° *Une description de la découverte ou application faisant objet du brevet demandé ;*

3° *Les dessins ou échantillons qui seraient nécessaires pour l'intelligence de la description ;*

Et 4° *Un bordereau des pièces déposées.*

Art. 6. — La demande sera limitée à un seul objet

principal, avec les objets de détail qui le constituent, et les applications qui auront été indiquées.

Elle mentionnera la durée que les demandeurs entendent assigner à leur brevet dans les limites fixées par l'article 4, et ne contiendra ni conditions, ni réserves.

Elle indiquera un titre renfermant la désignation sommaire et précise de l'objet de l'invention.

La description ne pourra être écrite en langue étrangère. Elle devra être sans altération ni surcharges. Les mots rayés comme nuls seront comptés et constatés, les pages et les renvois parafés. Elle ne devra contenir aucune dénomination de poids ou mesures autres que celles qui sont portées au tableau annexé à la loi du 4 juillet 1837.

Les dessins seront tracés à l'encre et d'après une échelle métrique.

Un duplicata de la description et des dessins sera joint à la demande.

Toutes les pièces seront signées par le demandeur ou par un mandataire, dont *le pouvoir restera annexé à la demande.*

Art. 7. — Aucun dépôt ne sera reçu que sur la production d'un *récépissé constatant le versement d'une somme de cent francs* à valoir sur le montant de la taxe du brevet.

Un procès-verbal, dressé sans frais par le secrétaire général de la préfecture, sur un registre à ce destiné, et signé par le demandeur, constatera chaque dépôt, en énonçant le jour et l'heure de la remise des pièces.

Une expédition dudit procès-verbal sera remise au déposant, moyennant remboursement des frais de timbre.

Art. 8. — La durée du brevet courra du jour du dépôt prescrit par l'article 5.

SECTION II.
De la delivrance des Brevets.

Art. 9. — Aussitôt après l'enregistrement des demandes, et dans les cinq jours de la date du dépôt, les préfets transmettront les pièces, sous le cachet de l'inventeur, au ministre de l'agriculture et du commerce, en y joignant une copie certifiée du procès-verbal de dépôt, le récépissé constatant le versement de la taxe, et, s'il y a lieu, le pouvoir mentionné dans l'article 6.

Art. 10. — A l'arrivée des pièces au ministère de l'agriculture et du commerce, il sera procédé à l'ouverture, à l'enregistrement des demandes et à l'expédition des brevets dans l'ordre de la réception desdites demandes.

Art. 11. — Les brevets dont la demande aura été régulièrement formée seront délivrés, sans examen préalable, aux risques et périls des demandeurs, et sans garantie, soit de la réalité, de la nouveauté ou du mérite de l'invention, soit de la fidélité ou de l'exactitude de la description.

Un arrêté du ministre, constatant la régularité de la demande, sera délivré au demandeur, et constituera le brevet d'invention.

A cet arrêté sera joint le duplicata certifié de la description et des dessins, mentionné dans l'art. 6, après que la conformité avec l'expédition originale en aura été reconnue et établie au besoin.

La première expédition des brevets sera délivrée sans frais.

Toute expédition ultérieure, demandée par le breveté ou ses ayants cause, donnera lieu au payement d'une taxe de vingt-cinq francs.

Les frais de dessins, s'il y a lieu, demeureront à la charge de l'impétrant.

Art. 12. — Toute demande dans laquelle n'auraient pas été observées les formalités prescrites par les numéros 2 et 3 de l'article 5, et par l'article 6, sera rejetée. La moitié de la somme versée restera acquise au Trésor, mais il sera tenu compte de la totalité de cette somme au demandeur s'il reproduit sa demande dans un délai de trois mois, à compter de la date de la notification du rejet de sa requête.

Art. 13. — Lorsque, par l'application de l'article 3, il n'y aura pas lieu à délivrer un brevet, la taxe sera restituée.

Art. 14. — Une ordonnance royale, insérée au Bulletin des lois, proclamera tous les trois mois les brevets délivrés.

Art. 15. — La durée des brevets ne pourra être prolongée que par une loi.

SECTION III.
Des certificats d'addition.

Art. 16. — Le breveté ou les ayants droit au brevet auront, pendant toute la durée du brevet, le droit d'apporter à l'invention des changements, perfectionnements ou additions, en remplissant *pour le dépôt de la demande, les formalités déterminées par les articles* 5, 6 *et* 7.

Ces changements, perfectionnements ou additions seront constatés par des certificats délivrés dans la même forme que le brevet principal, et qui produiront, à partir des dates respectives des demandes et de leur expédition, les mêmes effets que ledit brevet principal, avec lequel ils prendront fin.

Chaque demande de certificat d'addition donnera lieu au payement *d'une taxe de vingt francs.*

Les certificats d'addition, pris par un des ayants droit, profiteront à tous les autres.

Art. 17. — Tout breveté qui, pour un changement, perfectionnement ou addition, voudra prendre *un brevet principal de cinq, dix ou quinze années,* au lieu d'un certificat d'addition expirant avec le brevet primitif, devra remplir les formalités prescrites par les articles 5, 6 et 7, et *acquitter la taxe mentionnée dans l'article* 4.

Art. 18. — Nul autre que le breveté ou ses ayants droit agissant comme il est dit ci-dessus, *ne pourra, pendant une année,* prendre valablement un brevet pour un changement, perfectionnement ou addition à l'invention qui fait l'objet du brevet primitif.

Néanmoins, *toute personne* qui voudra prendre un brevet pour changement, addition ou perfectionnement à une découverte déjà brevetée, pourra, *dans le cours de ladite année,* former une demande qui sera transmise, et restera *déposée sous cachet,* au ministère de l'agriculture et du commerce.

L'année expirée, le cachet sera brisé et le brevet délivré.

Toutefois, le brevet principal aura la préférence pour les changements, perfectionnements ou additions pour lesquels il aurait lui-même, pendant l'année, demandé un certificat d'addition ou un brevet.

Art. 19. — Quiconque aura pris un brevet pour une découverte, invention ou application se rattachant à l'objet d'un autre brevet, n'aura aucun droit d'exploiter l'invention déjà brevetée, et réciproquement le titulaire du brevet primitif ne pourra exploiter l'invention, objet du nouveau brevet.

SECTION IV.

Le la transmission et de la cession des brevets.

Art. 20. — Tout breveté pourra céder la totalité ou partie de la propriété de son brevet.

La cession totale ou partielle d'un brevet, soit à titre gratuit, soit à titre onéreux, ne pourra être faite que *par acte notarié*, et après *le payement de la totalité de la taxe* déterminée par l'article 4.

Aucune cession ne sera valable, à l'égard des tiers, qu'après avoir été *enregistrée au secrétariat de la préfecture du département* dans lequel l'acte aura été passé.

L'enregistrement des cessions et de tous autres *actes emportant mutation* sera fait sur la production et le dépôt *d'un extrait authentique* de l'acte de cession ou de mutation.

Une expédition de chaque procès-verbal d'enregistrement, accompagnée de l'extrait de l'acte ci-dessus mentionné, sera transmise, par les préfets, au ministre de l'agriculture et du commerce dans les cinq jours de la date du procès-verbal.

Art. 21. — Il sera tenu, au ministère de l'agriculture et du commerce, un registre sur lequel seront inscrites les mutations intervenues sur chaque brevet, et, tous les trois mois, une ordonnance royale proclamera, dans la forme déterminée par l'article 14, les mutations enregistrées pendant le trimestre expiré.

Art. 22. — Les cessionnaires d'un brevet, et ceux qui auront acquis d'un breveté ou de ses ayants droit la faculté d'exploiter la découverte ou l'invention profiteront de plein droit des certificats d'addition qui seront ultérieurement délivrés au breveté ou à ses ayants droit. Réciproquement, le breveté ou ses ayants droit profiteront des certificats d'addition qui seront ultérieurement délivrés aux cessionnaires.

Tous ceux qui auront droit de profiter des certificats d'addition pourront en lever une expédition au ministère de l'agriculture et du commerce, moyennant un droit de vingt francs.

De la communication et de la publication des descriptions et dessins de Brevets.

Art. 23. — Les descriptions, dessins, échantillons et modèles des brevets délivrés resteront jusqu'à l'expiration des brevets, déposés au ministère de l'agriculture et du commerce, où ils seront communiqués, sans frais, à toute réquisition.

Toute personne pourra obtenir, à ses frais, copie desdites descriptions et dessins, suivant les formes qui seront déterminées dans le règlement rendu en exécution de l'article 50.

Art. 24. — Après le payement de la deuxième annuité, les descriptions et dessins seront publiés, soit textuellement, soit par extrait.

Il sera en outre publié, au commencement de chaque année, un catalogue contenant les titres des brevets délivrés dans le courant de l'année précédente.

Art. 25. — Le recueil des descriptions et dessins et le catalogue publiés en exécution de l'article précédent seront déposés au ministère de l'agriculture et du commerce et au secrétariat *de la préfecture* de chaque département, où *ils pourront être consultés sans frais.*

Art. 26. — A l'expiration des brevets, les originaux

des descriptions et dessins seront déposés au Conservatoire royal des Arts et Métiers.

TITRE III.

DES DROITS DES ÉTRANGERS.

Art. 27. — *Les étrangers pourront obtenir* en France des brevets d'invention.

Art. 28. — Les formalités et conditions déterminées par la présente loi seront applicables aux brevets demandés ou délivrés en exécution de l'article précédent.

Art. 29. — L'auteur d'une invention ou découverte déjà brevetée à l'étranger, pourra obtenir un brevet en France ; mais *la durée de ce brevet ne pourra excéder celle des brevets antérieurement pris à l'étranger.*

TITRE IV.

DES NULLITÉS ET DÉCHÉANCES, ET DES ACTIONS Y RELATIVES.

SECTION I.

Des nullités et déchéances.

Art. 30. — Seront nuls et de nul effet les brevets délivrés dans les cas suivants, savoir :

1° Si la découverte, invention ou application n'est pas nouvelle ;

2° Si la découverte, invention ou application n'est pas, aux termes de l'article 3, susceptible d'être brevetée ;

3° Si les brevets portent sur des principes, méthodes,

systèmes, découvertes et conceptions théoriques ou purement scientifiques, dont on n'a pas indiqué les applications industrielles;

4° Si la découverte, invention ou application est
reconnue contraire à l'ordre ou à la sûreté publique, aux
bonnes mœurs, ou aux lois du royaume, sans préjudice,
dans ce cas et dans celui du chapitre précédent, des peines
qui pourraient être encourues pour la fabrication ou le
débit d'objets prohibés;

5° Si le titre sous lequel le brevet a été demandé indique
frauduleusement un objet autre que le véritable objet de
l'invention;

6° Si la description jointe au brevet n'est pas suffisante
pour l'exécution de l'invention, ou si elle n'indique pas,
d'une manière complète et loyale, les véritables moyens
de l'inventeur;

7° Si le brevet a été obtenu contrairement aux dispositions de l'article 18.

Seront également nuls et de nul effet les certificats com-
prenant les changements, perfectionnements ou additions
qui ne se rattacheraient pas au brevet principal.

Art. 31. — Ne sera pas réputée nouvelle, toute découverte, invention ou application qui, en France où à
l'étranger, et antérieurement à la date du dépôt de la
demande, aura reçu une publicité suffisante pour pouvoir
être exécutée.

Art. 32. — Sera déchu de tous ses droits :

1° Le breveté qui n'aura pas acquitté son annuité avant
le commencement de chacune des années de la durée de
son brevet;

2° Le breveté qui n'aura pas mis en exploitation sa
découverte ou invention en France, dans le délai de
deux ans, à dater du jour de la signature du brevet, ou

qui aura cessé de l'exploiter pendant deux années consé-
cutives, à moins que, dans l'un ou dans l'autre cas, il ne
justifie des causes de son inaction ;

3° Le breveté qui aura introduit en France des objets
fabriqués en pays étranger et semblables à ceux qui
sont garantis par son brevet.

Sont exceptés des dispositions du précédent paragraphe
les modèles de machines dont le ministre de l'agriculture
et du commerce pourra autoriser l'introduction dans le
cas prévu par l'article 29.

Art. 33. — Quiconque, dans des enseignes, annonces,
prospectus, affiches, marques ou estampilles, prendra la
qualité de breveté sans posséder un brevet délivré conformément aux lois, ou après l'expiration d'un brevet
antérieur ; ou qui, étant breveté, mentionnera sa qualité
de breveté ou son brevet sans y ajouter ces mots, *sans
garantie du gouvernement*, sera puni d'une amende de
cinquante francs à mille francs.

En cas de récidive, l'amende pourra être portée au
double.

SECTION II.
Des actions en nullité et en déchéance.

Art. 34. — L'action en nullité et l'action en déchéance pourront être exercées par toute personne y
ayant intérêt.

Ces actions, ainsi que toutes les contestations rela-
latives à la propriété des brevets, seront portées devant
les tribunaux civils de première instance.

Art. 35. — Si la demande est dirigée en même temps
contre le titulaire du brevet et contre un ou plusieurs
cessionnaires partiels, elle sera portée devant le tribunal du domicile du titulaire du brevet.

Art. 36. — L'affaire sera instruite et jugée dans la forme prescrite pour les matières sommaires, par les articles 405 et suivants du Code de procédure civile. Elle sera communiquée au procureur du roi.

Art. 37. — Dans toute instance tendant à faire prononcer la nullité ou la déchéance d'un brevet, le ministère public pourra se rendre partie intervenante et prendre les réquisitions pour faire prononcer la nullité ou la déchéance absolue du brevet.

Il pourra même se pourvoir directement, par action principale, pour faire prononcer la nullité dans les cas prévus aux numéros 2, 4 et 5 de l'article 30.

Art. 38. — Dans les cas prévus par l'article 37, tous les ayants droits au brevet dont les titres auront été enregistrés au ministère de l'agriculture et du commerce, conformément à l'article 21, devront être mis en cause.

Art. 39. — Lorsque la nullité ou la déchéance absolue d'un brevet aura été prononcée par jugement ou arrêt ayant acquis force de chose jugée, il en sera donné avis au ministre de l'agriculture et du commerce, et la nullité ou la déchéance sera publiée dans la forme déterminée par l'article 14 pour la proclamation des brevets.

TITRE V.

DE LA CONTREFAÇON, DES POURSUITES ET DES PEINES.

Art. 40. — Toute atteinte portée aux droits du breveté, soit par la fabrication des produits, soit par l'emploi de moyens faisant l'objet de son brevet, constitue le délit de contrefaçon.

Ce délit sera puni d'une amende de cent à deux mille francs.

Art. 41. — Ceux qui auront sciemment recélé, vendu ou exposé en vente, ou introduit sur le territoire français, un ou plusieurs objets contrefaits, seront punis des mêmes peines que les contrefacteurs.

Art. 42. — Les peines établies par la présente loi ne pourront être cumulées.

La peine la plus forte sera seule prononcée pour tous les faits antérieurs au premier acte de poursuite.

Art. 43. — Dans le cas de récidive, il sera prononcé, outre l'amende portée aux articles 40 et 41, un emprisonnement d'un mois à six mois.

Il y a récidive lorsqu'il a été rendu contre le prévenu, dans les cinq années antérieures, une première condamnation pour un des délits prévus par la présente loi.

Un emprisonnement d'un mois à six mois pourra aussi être prononcé si le contrefacteur est un ouvrier ou un employé ayant travaillé dans les ateliers ou dans l'établissement du breveté, ou si le contrefacteur, s'étant associé avec un ouvrier ou un employé du breveté, a eu connaissance, par ce dernier, des procédés décrits au brevet.

Dans ce dernier cas, l'ouvrier ou l'employé pourra être poursuivi comme complice.

Art. 44. — L'article 463 du Code pénal pourra être appliqué aux délits prévus par les dispositions qui précédent.

Art. 45. — L'action correctionnelle, pour l'application des peines ci-dessus, ne pourra être exercée par le ministère public que sur la plainte de la partie lésée.

Art. 46. — Le tribunal correctionnel, saisi d'une

action pour délit de contrefaçon, statuera sur les exceptions qui seraient tirées par le prévenu, soit de la nullité ou la déchéance du brevet, soit des questions relatives à la propriété dudit brevet.

Art. 47. — Les propriétaires de brevets pourront, en vertu d'une ordonnance du président du tribunal de première instance, faire procéder, par tous huissiers, à la désignation et description détaillées, avec ou sans saisie, des objets prétendus contrefaits.

L'ordonnance sera rendue sur simple requête et sur la représentation du brevet; elle contiendra, s'il y a lieu, la nomination d'un expert pour aider l'huissier dans sa description.

Lorsqu'il y aura lieu à la saisie, ladite ordonnance pourra imposer au requérant un cautionnement qu'il sera tenu de consigner avant d'y faire procéder.

Le cautionnement sera toujours imposé à l'étranger breveté qui requerra la saisie.

Il sera laissé copie au détenteur des objets décrits ou saisis, tant de l'ordonnance que de l'acte constatant le dépôt du cautionnement, le cas échéant ; le tout, à peine de nullité et de dommages-intérêts contre l'huissier.

Art. 48. — A défaut par le requérant de s'être pourvu soit par la voie civile, soit par la voie correctionnelle, dans le délai de huitaine, outre un jour par trois myriamètres de distance, entre le lieu où se trouvent les objets saisis ou décrits, et le domicile du contrefacteur, recéleur, introducteur ou débitant, la saisie ou description sera nulle de plein droit, sans préjudice des dommages-intérêts qui pourront être réclamés, s'il y a lieu, dans la forme prescrite par l'article 36.

Art. 49. — La confiscation des objets reconnus con-

trefaits, et, le cas échéant, celle des instruments ou ustensiles destinés spécialement à leur fabrication, seront,
même en cas d'acquittement, prononcées contre le
contrefacteur, le recéleur, l'introducteur ou le débitant.

Les objets confisqués seront remis au propriétaire du
brevet, sans préjudice de plus amples dommages-intérêts
et de l'affiche du jugement, s'il y a lieu.

TITRE VI.

DISPOSITIONS PARTICULIÈRES ET TRANSITOIRES.

Art. 50. — Des ordonnances royales, portant règlement d'administration publique, arrêteront les dispositions nécessaires pour l'exécution de la présente loi, qui
n'aura effet que trois mois après sa promulgation.

Art. 51.—Des ordonnances rendues dans la même forme
pourront régler l'application de la présente loi, dans
les colonies, avec les modifications qui seront jugées nécessaires.

Art. 52. — Seront abrogées, à compter du jour où
la présente loi sera devenue exécutoire, les lois des
7 janvier et 27 mai 1791, celle du 20 semptembre 1792,
l'arrêté du 17 vendémiaire an VII. l'arrêté du 5 vendémiaire an IX, les décrets des 25 novembre 1806 et
25 janvier 1807, et toutes dispositions antérieures à la
présente loi, relatives aux brevets d'invention, d'importation et de perfectionnement.

Art. 53. — Les brevets d'invention, d'importation et
de perfectionnement actuellement en exercice, délivrés
conformément aux lois antérieures à la présente, ou

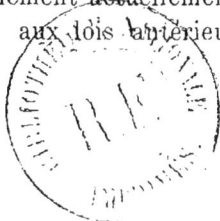

2

prorogés par ordonnances royales, conserveront leur effet pendant tout le temps qui aura été assigné à leur durée.

Art. 54. — Les procédures commencées avant la promulgation de la présente loi seront mises à fin, conformément aux lois antérieures.

Toute action, soit en contrefaçon, soit en nullité ou déchéance de brevet non encore intentée, sera suivie conformément aux dispositions de la présente loi, alors même qu'il s'agirait de brevets délivrés antérieurement.

Fait au palais de Neuilly, le cinquième jour du mois de juillet, l'an 1844.

LOUIS-PHILIPPE.

ARRÊTÉ DU 21 OCTOBRE 1848.

Qui règle dans les colonies l'application de la loi du 5 juillet 1844, sur les brevets d'invention.

Le président du Conseil des ministres, chargé du pouvoir exécutif.

Sur le rapport du ministre de l'agriculture et du commerce ;

Vu l'article 51 de la loi du 5 juillet 1844 ; — Vu l'avis du ministre de la marine et des colonies ; — Le Conseil d'État entendu ;

ARRÊTE :

Article premier. — La loi du 5 juillet 1844, sur les brevets d'inventions, recevra son application dans les colonies à partir de la publication du présent arrêté.

Art. 2. — Quiconque voudra prendre, dans les colonies, un brevet d'invention, devra déposer, en triple expédition, les pièces exigées par l'article 5 de la loi précitée dans les bureaux du directeur de l'intérieur ; le procès-verbal constatant ce dépôt sera dressé sur un registre à ce destiné et signé par ce fonctionnaire et par le demandeur, conformément à l'article 7 de ladite loi.

Art. 3. — Avant de procéder à la rédaction de ce procès-verbal de dépôt, le directeur de l'intérieur se fera représenter : 1° le récépissé délivré par le trésorier de la colonie, constatant le versement de la somme de 100 francs pour la première annuité de la taxe ; 2° chacune des pièces en triple expédition, énoncées aux paragraphes 1, 2, 3 et 4 de l'article 5 de la loi de 1844. Une expédition de chacune de ces pièces restera déposée sous cachet dans les bureaux de la direction, pour y recourir au besoin ; les deux autres expéditions seront enfermées dans une seule enveloppe scellée et cachetée par le déposant.

Art. 4. — Le gouvernement de chaque colonie devra, dans le plus bref délai après l'enregistrement des demandes, transmettre au ministre de l'agriculture et du commerce, par l'entremise du ministre de la marine et des Colonies, l'enveloppe cachetée contenant les deux expéditions dont il s'agit, en y joignant une copie certifiée du procès-verbal, le récépissé du versement de la première annuité de la taxe, et, le cas échéant, le pouvoir du mandataire.

Art. 5. — Les brevets délivrés sont transmis, dans le plus bref délai, aux titulaires, par l'entremise du ministre de la marine et des colonies.

Art. 6. — L'enregistrement des cessions de brevets, dont il est parlé en l'article 20 de la loi du 5 juillet 1844, devra s'effectuer dans les bureaux du directeur de l'intérieur. Les expéditions des procès-verbaux d'enregistrement, accompagnées des extraits authentiques d'actes de cession et des récépissés de la totalité de la taxe, seront transmises au ministre de l'agriculture et du commerce, conformément à l'article 4 du présent arrêté.

Art. 7. — Les taxes prescrites par les articles 4, 7, 11 et 22 de la loi du 5 juillet seront versées entre les mains du trésorier de chaque colonie, qui devra faire opérer le versement au Trésor public et transmettre au ministre de l'agriculture et du commerce, par la même voie, l'état de recouvrement des taxes.

Art. 8. — Les actions pour délits de contrefaçon seront jugées par les cours d'appel dans les colonies. Le délai des distances, fixé par l'article 8 de ladite loi, sera modifié conformément aux ordonnances qui, dans les colonies, régissent la procédure en matière civile.

Nota.— Un décret du 5 juin 1850 réglemente, à peu près dans les mêmes termes, pour l'Algérie, l'application de la loi de 1844 ; les demandes de brevets sont enregistrées au secrétariat de l'une des préfectures, Alger, Oran ou Constantine.

LOI DU 23 MAI 1868 (1).

*Relative à la garantie dés inventions susceptibles d'être
brevetées et de dessins de fabrique, qui seront admis aux
Expositions publiques, autorisées par l'administration
dans toute l'étendue du territoire français.*

Article premier. — Tout Français ou étranger, auteur,
soit d'une découverte ou invention susceptible d'être
brevetée aux termes de la loi du 5 juillet 1844, soit d'un
dessin de fabrique qui doive être déposé conformément
à la loi du 18 mars 1806, ou ses ayants droit, peut, s'ils
sont admis dans une exposition publique autorisée par
l'administration, se faire délivrer, par le préfet où le
sous-préfet, dans le département ou l'arrondissement
duquel cette exposition est ouverte, un certificat des-
criptif de l'objet déposé.

Art. 2. — Ce certificat assure à celui qui l'obtient les
mêmes droits que lui conférerait un brevet d'invention
ou un dépôt légal de dessins de fabrique, à dater du
jour de l'admission jusqu'à la fin du troisième mois qui
suivra la clôture de l'exposition, sans préjudice du brevet
que l'exposant peut prendre ou du dépôt qu'il peut opérer
avant l'expiration de ce terme.

Art. 3. — La demande de ce certificat doit être faite
dans le premier mois, au plus tard, de l'ouverture de
l'exposition. Elle est adressée à la préfecture ou à la
sous-préfecture et accompagnée d'une description exacte
de l'objet à garantir, et, s'il y a lieu, d'un plan ou d'un

---

(1) Extension à toute exposition publique de la loi spéciale et
transitoire de 1855.

dessin dudit objet. Les demandes, ainsi que les décisions prises par le préfet ou par le sous-préfet, sont inscrites sur un registre spécial, qui est ultérieurement transmis au ministre de l'agriculture, du commerce et des travaux publics, et communiqué sans frais à toute réquisition. — La délivrance du certificat est gratuite.

Voici l'interprétation que le ministre de l'agriculture, du commerce et des travaux publics donne de l'article 3 de cette loi.

Il résulte des termes de l'article 3 de la loi du 23 mai 1868 que cette loi n'est pas applicable aux expositions de moins de deux mois. Les fabricants d'instruments qui voudraient conserver leurs droits à l'obtention d'un brevet devraient s'abstenir de prendre part au concours, à raison de la publicité qui en résulterait contre eux.

***

DÉCRET DU 10 SEPTEMBRE 1870

Concernant les inventions brevetées depuis le 25 août 1870, et dont les annuités n'auraient pu être acquittées dans les délais légaux.

LE GOUVERNEMENT DE LA DÉFENSE NATIONALE

Attendu les circonstances de force majeure qui, depuis le 25 août 1870, *ont empêché les inventeurs brevetés d'acquitter* les annuités de leurs brevets, arrivées à échéance; — sur le rapport du ministre du commerce,

DÉCRÈTE :

Les inventeurs brevetés qui, depuis le 25 août 1870,

n auront pu acquitter les annuités de leurs brevets dans le délai légal, seront relevés de la déchéance encourue, en justifiant de l'acquittement de ces annuités avant une époque qui sera fixée ultérieurement.

***

DÉCRET DU 14 OCTOBRE 1870

Dispensant les inventeurs qui prendront un brevet d'invention de verser immédiatement la première annuité de la taxe.

Le Gouvernement de la Défense nationale

Vu le décret du 10 septembre 1870, portant que les inventeurs brevetés qui, depuis le 25 août, n'auront pu acquitter les annuités de leurs brevets dans le délai légal seront relevés de la déchéance encourue, en justifiant de l'acquittement de ces annuités avant une époque qui sera fixée ultérieurement ; sur le rapport du ministre de l'agriculture et du commerce,

Décrète :

Les inventeurs qui voudront prendre un brevet d'invention seront dispensés de verser immédiatement la première annuité de la taxe. Ce versement devra être fait ultérieurement, et dans les conditions qui ont été réglées, pour les annuités, par le décret du 10 septembre 1870.

DÉCRET DU 25 JANVIER 1871

Qui proroge de six mois le délai de deux ans accordé aux brevetés pour mettre leurs inventions en exploitation en France.

La Délégation du Gouvernement de la Défense nationale,

Vu l'article 32 de la loi du 5 juillet 1844 sur les brevets d'invention ; — Vu le décret du 10 septembre 1870, qui proroge les délais fixés pour l'acquittement des annuités des brevets d'invention ; — Sur le rapport du Ministre de l'Agriculture et du Commerce,

Décrète :

Le délai de deux ans, dans lequel les brevetés doivent, à peine de déchéance, mettre leurs inventions en exploitation en France, est prorogé de six mois à dater du 1er janvier 1871, pour les brevets pris moins de deux ans avant cette date.

ARRÊTÉ DU 5 JUILLET 1871

Fixant l'époque où devront être acquittées les annuités arriérées des brevets d'invention qui n'ont pu être versées depuis le 25 août 1870.

Le Chef du pouvoir exécutif de la République française, président du conseil des ministres : — Sur le rapport du ministre de l'agriculture et du commerce ; —

Vu la loi du 31 mai 1856, concernant les brevets d'invention ; —Vu les décrets du Gouvernement de la Défense nationale, en date du 10 septembre et du 14 octobre 1870, concernant le payement des annuités des brevets d'invention,

ARRÊTE :

ARTICLE UNIQUE. — Les décrets du Gouvernement de la Défense nationale, en date du 10 septembre 1870 et du 14 octobre 1870, concernant les annuités de brevets d'invention, cesseront d'avoir leur effet à partir du 1er octobre 1871.

Les annuités échues et non payées depuis le 25 août 1870, ainsi que les premières annuités non payées depuis le 14 octobre 1870, devront être acquittées à l'époque fixée ci-dessus.

A dater du présent arrêté, les brevetés dont les annuités viendraient à échéance, et les nouveaux brevetés qui ne pourraient payer immédiatement la première annuité, auront aussi jusqu'au 1er octobre 1871 pour en faire le versement.

ALSACE-LORRAINE

Nous avons donné page 176 (vol. XX de la Publication Industrielle), un premier article relatif aux droits des inventeurs en Alsace-Lorraine, suivant que leurs brevets français portaient une date antérieure ou postérieure au **2 mars 1871**. (Art. 10 de la convention.)

Interrogés par le Président de la Société des Ingénieurs civils sur l'interprétation dudit article, nous lui avons adressé une lettre qui a été lue en séance publique, le 1ᵉʳ mars 1872, et que nous renouvelons ici, à titre de document.

Cette lettre disait :

« ... L'incertitude signalée au sujet des brevetés en France, à l'égard de l'Alsace-Lorraine, disparaît absolument par la clarté du deuxième paragraphe de l'article 10 (1).

Tout se réduit à une question de date : 2 mars 1871 !

Tous les brevets obtenus en France, *avant cette époque*, conservent les droits entiers sur la France entière.

Nous disons entiers, parce qu'il ne s'agit pas d'une faveur spéciale ou d'un seul article de la loi de 1844, interprété en leur faveur. NON, ils jouissent comme AUPARAVANT, du contrat régulier qu'ils ont passé avec le gouvernement français.

Par contre, tous les brevets obtenus après cette date du 2 mars 1871 sont privés des pays retranchés et l'action de leur privilége est limitée aux nouvelles limites de la France amoindrie.

Tout est compris dans ces quelques conclusions.

Pour en donner quelques exemples, précisons :

Un inventeur breveté en France AVANT le 2 mars payera ses annuités, comme par le passé, dans une des recettes générales de France.

Il exploitera son invention partout, dans l'un des

_____

(1) Tout concessionnaire d'un brevet d'invention ou d'un certificat d'addition, accordé par le gouvernement français, avant la même date, continuera, jusqu'à l'expiration de la durée de la concession, à jouir pleinement des droits qu'il lui donne dans toute l'étendue des territoires cédés

89 départements anciens à son choix, aussi bien qu'aux colonies.

Il attaquera un contrefacteur partout où sera le corps du délit, en Alsace-Lorraine, comme ailleurs.

S'il est domicilié en Alsace-Lorraine, il introduira en France, sans danger, ses produits, marchandises ou appareils sans passer sous l'interdiction de l'article 32. (Loi de 1844.)

Il se conformera, dans ce dernier cas, au régime douanier nouveau.

L'inventeur breveté APRÈS le 2 mars ne jouira d'aucun droit en Alsace-Lorraine, considérée, depuis cette époque, comme pays étranger.

Nous ajoutions plus tard :

« Il faudra, pour se réserver les départements retranchés, former auprès du gouvernement de l'Alsace-Lorraine une demande spéciale en payant la même taxe que pour la France. C'est dans cette situation que les *deux taxes* annuelles de 100 fr. sont exigibles, et c'est ce qui DISTINGUAIT, suivant nous, les droits des brevetés *antérieurement* ou *postérieurement* à la signature du traité de paix (2 mars 1871). »

Ce qui nous semblait si juste, si rationnel et si nettement exprimé dans la convention n'a pas été compris par tout le monde de la même manière. On a voulu croire qu'il fallait payer deux taxes, *avant*, comme *après* le 2 mars 1871, et l'on a ainsi jeté l'incertitude dans l'esprit des inventeurs. A tel point que plusieurs ont payé inutilement ces deux taxes et que nos ministres ont dû, pour satisfaire les dissidents, échanger une correspondance avec le gouvernement allemand.

La conclusion est précise ;

La voici :

ANNEXE A LA DÉPÊCHE N° 31.

CHANCELLERIE FÉDÉRALE. — DIRECTION DES CONSULATS.

Berlin, 26 juin 1872.

A Son Excellence le vicomte DE GONTAUT-BIRON.

« Monsieur l'ambassadeur,

« Par votre lettre du 30 mai dernier, Votre Excellence a bien voulu porter à ma connaissance que d'après des informations parvenues au Ministre de l'agriculture et du commerce à Paris, des concessionnaires de brevets d'invention français, pris avant le 2 mars 1871, pour conserver leurs droits, dans les territoires cédés, auraient été astreints, par les autorités d'Alsace-Lorraine à acquitter des annuités aux caisses allemandes.

« Je partage entièrement l'opinion de Votre Excellence : que cette exigence, *si elle a été formulée*, serait en opposition avec les principes établis dans l'article 10 de la convention additionnelle de Francfort du 11 décembre dernier, et je me suis empressé de faire parvenir une instruction analogue aux autorités alsaciennes et lorraines...

« *Signé :* DELBRUCK. »

Elle est consacrée officiellement par une lettre de

M. de Rémusat, ministre des affaires étrangères, dans laquelle on lit le passage suivant :

« .... Je m'empresse de vous prévenir que ma démarche auprès du gouvernement alsacien-lorrain a eu un résultat favorable. En réponse aux réclamations de M. le vicomte de Gontaut-Biron, le président de la chancellerie lui a communiqué que les autorités allemandes ont reçu des ordres en vertu desquels les propriétaires des brevets, délivrés avant le 2 mars 1871, pourront conserver leurs droits dans l'Alsace-Lorraine sans payer un impôt au fisc allemand.

« Agréez, etc.

« *Signé* : DE RÉMUSAT. »

En résumé, comme nous le disions dès la fin de février 1872 :

Il suffit de ne payer qu'une taxe annuelle de 100 francs, en France, pour jouir - *pleinement* (dit l'art. 10) des droits concédés aux brevetés en France, *avant* le 2 mars 1871 dans toute l'étendue des territoires cédés.

Après le 2 mars :

Nouvelle demande. — Deuxième taxe annuelle.

(Extrait de la *Publication industrielle des machines, outils et appareils* de M. Armengaud ainé, volume XX.)

DES MARQUES DE FABRIQUE

—

L'importante question de la garantie des *marques de fabrique* a fait l'objet tout récemment des justes préoccupations des Producteurs industriels. La nouvelle loi promulgée dans l'empire allemand a donné, pour ainsi dire, l'éveil, en faisant comprendre l'importance qu'il fallait attacher à un privilége destiné à assurer sur tous les marchés industriels, la propriété des signes distinctifs apposés sur les marchandises fabriquées.

Cette faculté de garantie est, du reste, aussi intéressante pour le *Producteur* que pour le *Consommateur* en écartant la fraude et en permettant la reconnaissance facile de la marchandise livrée.

D'autres pays ont également introduit dans leur législation le droit à la protection des Marques de Fabriques étrangères, et le Producteur est, aujourd'hui, à l'abri de la spoliation dans presque tous les Etats européens.

Voici, par ordre alphabétique, les pays qui garantissent la propriété des Marques :

ALLEMAGNE	BRÉSIL	FRANCE
ANGLETERRE	CANADA	ITALIE
AUTRICHE	ESPAGNE	RUSSIE
BELGIQUE	ETATS-UNIS	SUISSE

Pour toutes ces contrées, il y a réciprocité avec la France.

Quand à notre *Pays*, la loi qui y régit les *Marques de Fabrique* remonte à 1857 ; leur durée est de *quinze ans*. C'est en 1872 que les premières marques déposées ont vu cesser leur privilége. Nous engageons les industriels à prendre leurs mesures pour renouveler leurs droits expirés ou les empêcher de s'éteindre, s'ils ne veulent courir le risque de se voir dépouiller par des contrefacteurs toujours à l'affût des oublis qui se peuvent commettre.

De même que nous nous chargeons de la garantie des droits des Brevetés, de même nous pouvons offrir notre concours et nos conseils aux personnes désireuses de profiter des avantages que nous avons énumérés plus haut et qui sont aujourd'hui garantis par des lois efficaces.

———

Nº 4720. — *Loi sur les Marques de fabrique et de commerce*

Du 23 Juin 1857.

NAPOLÉON, par la grâce de Dieu et la volonté nationale, EMPEREUR DES FRANÇAIS, à tous présents et à venir, salut.

Avons sanctionné et sanctionnons, promulgué et promulguons ce qui suit :

LOI.

Extrait du procès-verbal du Corps législatif.

Le Corps législatif a adopté le projet de loi dont la teneur suit :

TITRE 1er

DU DROIT DE PROPRIÉTÉ DES MARQUES.

Art. 1er. La marque de fabrique ou de commerce est facultative.

Toutefois, des décrets, rendus en la forme des règlements d'administration publique, peuvent exceptionnellement la déclarer obligatoire pour les produits qu'ils déterminent.

Sont considérés comme marque de fabrique et de commerce les noms sous une forme distinctive, les dénominations, emblèmes, empreintes, timbres, cachets, vignettes, reliefs, lettres, chiffres, enveloppes et tous autres signes servant à distinguer les produits d'une fabrique ou les objets d'un commerce.

2. Nul ne peut revendiquer la propriété exclusive d'une marque, s'il n'a déposé deux exemplaires du modèle de cette marque au greffe du tribunal de commerce de son domicile.

3. Le dépôt n'a d'effet que pour quinze années.

La propriété de la marque peut toujours être conservée pour un nouveau terme de quinze années au moyen d'un nouveau dépôt.

4. Il est perçu un droit fixe d'un franc pour la rédaction du procès-verbal de dépôt de chaque marque et

pour le coût de l'expédition, non compris les frais de timbre et d'enregistrement.

TITRE II.

DISPOSITIONS RELATIVES AUX ÉTRANGERS.

5. Les étrangers qui possèdent en France des établissements d'industrie ou de commerce jouissent, pour les produits de leurs établissements, du bénéfice de la présente loi, en remplissant les formalités qu'elle prescrit.

6. Les étrangers et les Français dont les établissements sont situés hors de France jouissent également du benéfice de la présente loi, pour les produits de ces établissements, si, dans le pays où ils sont situés, des conventions diplomatiques ont établi la réciprocité pour les marques françaises.

Dans ce cas, le dépôt des marques étrangères a lieu au greffe du tribunal de commerce du département de la Seine.

TITRE III.

PÉNALITÉS.

7. Sont punis d'une amende de cinquante francs à trois mille francs et d'un emprisonnement de trois mois à trois ans, ou de l'une de ces peines seulement :

1° Ceux qui ont contrefait une marque ou fait usage d'une marque contrefaite ;

2° Ceux qui ont frauduleusement apposé sur leurs produits ou les objets de leur commerce une marque appartenant à autrui ;

3° Ceux qui ont sciemment vendu ou mis en vente un

3

ou plusieurs produits revêtus d'une marque contrefaite ou frauduleusement apposée.

8. Sont punis d'une amende de cinquante francs à deux mille francs et d'un emprisonnement d'un mois à un an, ou de l'une des ces peines seulement :

1° Ceux qui, sans contrefaire une marque, en ont fait une imitation frauduleuse de nature à tromper l'acheteur, ou ont fait usage d'une marque frauduleusement imitée ;

2° Ceux qui ont fait usage d'une marque portant des indications propres à tromper l'acheteur sur la nature du produit;

3° Ceux qui ont sciemment vendu ou mis en vente un ou plusieurs produits revêtus d'une marque frauduleusement imitée ou portant des indications propres à tromper l'acheteur sur la nature du produit,

9. Sont punis d'une amende de cinquante francs à mille francs et d'un emprisonnement de quinze jours à six mois, ou de l'une de ces peines seulement :

1° Ceux qui n'ont pas apposé sur leurs produits une marque déclarée obligatoire ;

2° Ceux qui ont vendu ou mis en vente un ou plusieurs produits ne portant pas la marque déclarée obligatoire pour cet espèce de produits ;

3° Ceux qui ont contrevenu aux dispositions des décrets rendus en exécution de l'article 1er de la présente loi.

10. Les peines établies par la présente loi ne peuvent être cumulées.

La peine la plus forte est seule prononcée pour tous les faits antérieurs au premier acte de poursuites.

11. Les peines portées aux articles 7, 8 et 9 peuvent être élevées au double en cas de récidive.

Il y a récidive lorsqu'il a été prononcé contre le prévenu, dans les cinq années antérieures, une comdamnation pour un des délits prévus par la présente loi.

12. L'article 463 du Code pénal peut être appliqué aux délits prévus par la présente loi.

13. Les délinquants peuvent, en outre, être privés du droit de participer aux élections des tribunaux et des chambres de commerce, des chambres consultatives des arts et manufactures, et des conseils de prud'hommes, pendant un temps qui n'excédera pas dix ans.

Le tribunal peut ordonner l'affiche du jugement dans les lieux qu'il détermine, et son insertion intégrale ou par extrait dans les journaux qu'il désigne, le tout aux frais du condamné.

14. La confiscation des produits dont la marque serait reconnue contraire aux dispositions des articles 7 et 8 peut, même en cas d'acquittement, être prononcée par le tribunal, ainsi que celle des instruments et ustensiles ayant spécialement servi à commettre le délit.

Le tribunal peut ordonner que les produits confisqués soient remis au propriétaire de la marque contrefaite ou frauduleusement apposée ou imitée, indépendamment de plus amples dommages-intérêts, s'il y a lieu.

Il prescrit, dans tous les cas, la destruction des marques reconnues contraires aux dispositions des articles 7 et 8.

15. Dans le cas prévu par les deux premiers paragraphes de l'article 9, le tribunal prescrit toujours que les marques déclarées obligatoires soient apposées sur les produits qui y sont assujettis.

Le tribunal peut prononcer la confiscation des produits, si le prévenu a encouru, dans les cinq années antérieures, une condamnation pour un des délits prévus par les deux premiers paragraphes de l'article 9.

TITRE IV.

JURIDICTIONS.

16. Les actions civiles relatives aux marques sont portées devant les tribunaux civils et jugées comme matières sommaires.

En cas d'action intentée par la voie correctionnelle, si le prévenu soulève pour sa défense des questions relatives à la propriété de la marque, le tribunal de police correctionnelle statue sur l'exception.

17. Le propriétaire d'une marque peut faire procéder par tous huissiers à la description détaillée, avec ou sans saisie, des produits qu'il prétend marqués à son préjudice en contravention aux dispositions de la présente loi, en vertu d'une ordonnance du président du tribunal civil de première instance, ou du juge de paix du canton à défaut de tribunal dans le lieu où se trouvent les produits à décrire ou à saisir.

L'ordonnance est rendue sur simple requête et sur la présentation du procès-verbal constatant le dépôt de la marque. Elle contient, s'il y a lieu, la nomination d'un expert, pour aider l'huissier dans sa description.

. Lorsque la saisie est requise, le juge peut exiger du requérant un cautionnement, qu'il est tenu de consigner avant de faire procéder à la saisie.

Il est laissé copie, aux détenteurs des objets décrits ou saisis, de l'ordonnance et de l'acte constatant le dépôt du cautionnement, le cas échéant ; le tout à peine de nullité et dommages-intérêts contre l'huissier.

18. A défaut par le requérant de s'être pourvu, soit par la voie civile, soit par la voie correctionnelle, dans le délai de quinzaine, outre un jour par cinq myria-

mètres de distance entre le lieu où se trouvent les **objets**
décrits ou saisis et le domicile de la partie contre laquelle
l'action doit être dirigée, la description ou saisie est
nulle de plein droit, sans préjudice des dommages-intérêts qui peuvent être réclamés, s'il y a lieu.

TITRE V.

DISPOSITIONS GÉNÉRALES OU TRANSITOIRES.

19. Tous produits étrangers portant soit la **marque,**
soit le nom d'un fabricant résidant en France, soit l'in-
dication du nom ou du lieu d'une fabrique française,
sont prohibés à l'entrée et exclus du transit et de l'en-
trepôt, et peuvent être saisis, en quelque lieu que ce soit,
soit à la diligence de l'administration des douanes, soit
à la requête du ministère public ou de la partie lésée.

Dans le cas ou la saisie est faite à la diligence de l'administration des douanes, le procès-verbal de saisie est
immédiatement adressé au ministère public.

Le délai dans lequel l'action prévue par l'article 18
devra être intentée, sous peine de nullité de la saisie,
soit par la partie lésée, soit par le ministère public, est
porté à deux mois.

Les dispositions de l'article 14 sont applicables aux
produits saisis en vertu du présent article.

20. Toutes les dispositions de la présente loi sont
applicables aux vins, eaux-de-vie et autres boissons, **aux**
bestiaux, grains, farines, et généralement à tous les
produits de l'agriculture.

21. Tout dépôt de marques opéré au greffe du tribunal de commerce antérieurement à la présente loi
aura effet pour quinze années, à dater de l'époque où
ladite loi sera exécutoire.

22. La présente loi ne sera exécutoire que six mois après sa promulgation. Un règlement d'administration publique déterminera les formalités à remplir pour le dépôt et la publicité des marques, et toutes les autres mesures nécessaires pour l'exécution de la loi.

23. Il n'est pas dérogé aux dispositions antérieures qui n'ont rien de contraire à la présente loi.

Délibéré en séance publique, à Paris, le 12 mai 1857.

Le Président,
Signé : SCHNEIDER.

Les Secrétaires,
Signé : Comte JOACHIM MURAT, marquis DE CHAUMONT-QUITRY,
TESNIÈRE, ED. DALLOZ.

N° 5785. — Décret impérial portant Règlement d'administration publique pour l'exécution de la loi du 23 juin 1857, sur les marques de fabrique et de commerce.

Du 26 juillet 1858.

NAPOLÉON, par la grâce de Dieu et la volonté nationale, EMPEREUR DES FRANÇAIS, à tous présents et à venir, SALUT.

Sur le rapport de notre ministre secrétaire d'État au département de l'agriculture, du commerce et des travaux publics,

Vu l'article 22 de la loi de 23 juin 1857, sur les marques de fabrique et de commerce, ainsi conçu :

« Un règlement d'administration publique déterminera « les formalités à remplir pour le dépôt et la publicité « des marques et toutes les autres mesures nécessaires « pour l'exécution de la loi. »

Notre Conseil d'État entendu,

AVONS DÉCRÉTÉ ET DÉCRÉTONS ce qui suit :

Art. 1er. Le dépôt que les fabricants, commerçants ou agriculteurs peuvent faire de leur marque au greffe du tribunal de commerce de leur domicile, ou, à défaut de tribunal de commerce, au greffe du tribunal civil, pour jouir des droits résultant de la loi du 23 juin 1857, est soumis aux dispositions suivantes :

2. Ce dépôt doit être fait par la partie intéressée ou par son fondé de pouvoir spécial.

La procuration peut être sous-seing privé, mais enregistrée : elle doit être laissée au greffier.

Le modèle à fournir consiste en deux exemplaires, sur papier libre, d'un dessin, d'une gravure ou d'une empreinte représentant la marque adoptée.

Le papier forme un carré de dix-huit centimètres de côté, dont le modèle occupe le milieu.

3. Si la marque est en creux ou en relief sur les produits, si elle a dû être réduite pour ne pas excéder les dimensions du papier, ou si elle présente quelque autre particularité, le déposant l'indique sur les deux exemplaires, soit par une ou plusieurs figures de détail, soit au moyen d'une légende explicative.

Ces indications doivent occuper la gauche du papier où est figurée la marque ; la droite est réservée aux mentions prescrites à l'article 5, conformément au modèle annexé au présent décret.

4. Un des deux exemplaires de la marque est collé par le greffier sur une des feuilles d'un registre tenu à cet effet et dans l'ordre de présentations. L'autre est transmis dans les cinq jours au plus tard, au ministre de l'agriculture, du commerce et des travaux publics,

pour être déposé au Conservatoire impérial des Arts et Métiers.

Le registre est en papier libre du format de vingt-quatre centimètres de largeur sur quarante de hauteur, coté et parafé par le président du tribunal de commerce ou du tribunal civil, suivant les cas.

5. Le greffier dresse le procès-verbal du dépôt dans l'ordre des présentations, sur un registre en papier timbré, coté et parafé comme il est dit à l'article précédent. Il indique dans ce procès-verbal : 1° le jour et l'heure du dépôt ; 2° le nom du propriétaire de la marque et celui de son fondé de pouvoirs; 3° la profession du propriétaire, son domicile et le genre d'industrie pour lequel il a l'intention de se servir de la marque.

Chaque procès-verbal porte un numéro d'ordre. Ce numéro est également inscrit sur les deux modèles, ainsi que le nom, le domicile ou la profession du propriétaire de la marque, le lieu et la date du dépôt, et le genre d'industrie auquel la marque est destinée.

Lorsqu'au bout de quinze ans, le propriétaire d'une marque en fait un nouveau dépôt, cette circonstance doit être mentionnée sur les modèles et dans le procès-verbal du dépôt.

Le procès-verbal et les modèles sont signés par le greffier et par le déposant ou par son fondé de pouvoirs.

Une expédition du procès-verbal de dépôt est délivrée au déposant.

6. Il est dû au greffier, outre le droit fixe d'un franc pour le procès-verbal de dépôt de chaque marque, y compris le coût de l'expédition, le remboursement des droits de timbre et d'enregistrement. Le remboursement du timbre du procès-verbal est fixé à trente-cinq centimes.

Toute expédition délivrée après la première donne également lieu à la perception d'un franc au profit du greffier.

7. Le greffier du tribunal de commerce du département de la Seine, chargé, dans le cas prévu par l'article 6 de la loi du 23 juin 1857, de recevoir le dépôt des marques des étrangers et des Français dont les établissements sont situés hors de France, doit en former un registre spécial et mentionner, dans le procès-verbal de dépôt, le pays où est situé l'établissement industriel, commercial ou agricole du propriétaire de la marque, ainsi que la convention diplomatique par laquelle la réciprocité a été établie.

8. Au commencement de chaque année, les greffiers dressent sur papier libre et d'après le modèle donné par le ministre de l'agriculture, du commerce, et des travaux publics, une table ou répertoire des marques dont ils ont reçu le dépôt pendant le cours de l'année précédente.

9. Les registres, procès-verbaux et répertoires déposés dans les greffes, ainsi que les modèles réunis au dépôt central du Conservatoire impérial des Arts et Métiers sont communiqués sans fais.

10. Notre ministre de l'agriculture, du commerce et des travaux publics, et notre garde des sceaux, ministre de la justice, sont chargés, chacun en ce qui le concerne, de l'exécution du présent décret.

Fait à Plombières, le 26 juillet 1858.

Signé : NAPOLÉON.

Par l'Empereur :
Le Ministre secrétaire d'État au département de l'agriculture, du commerce et des travaux publics,

Signé : E. ROUHER.

MODÈLE annexé au décret du 26 juillet 1856, enregistré sous le n° 424, portant règlement d'administration publique pour l'exécution de la loi sur les Marques de Fabrique et de Commerce.

Place réservée

Place réservée

aux

aux

du

du

greffier.

déposant.

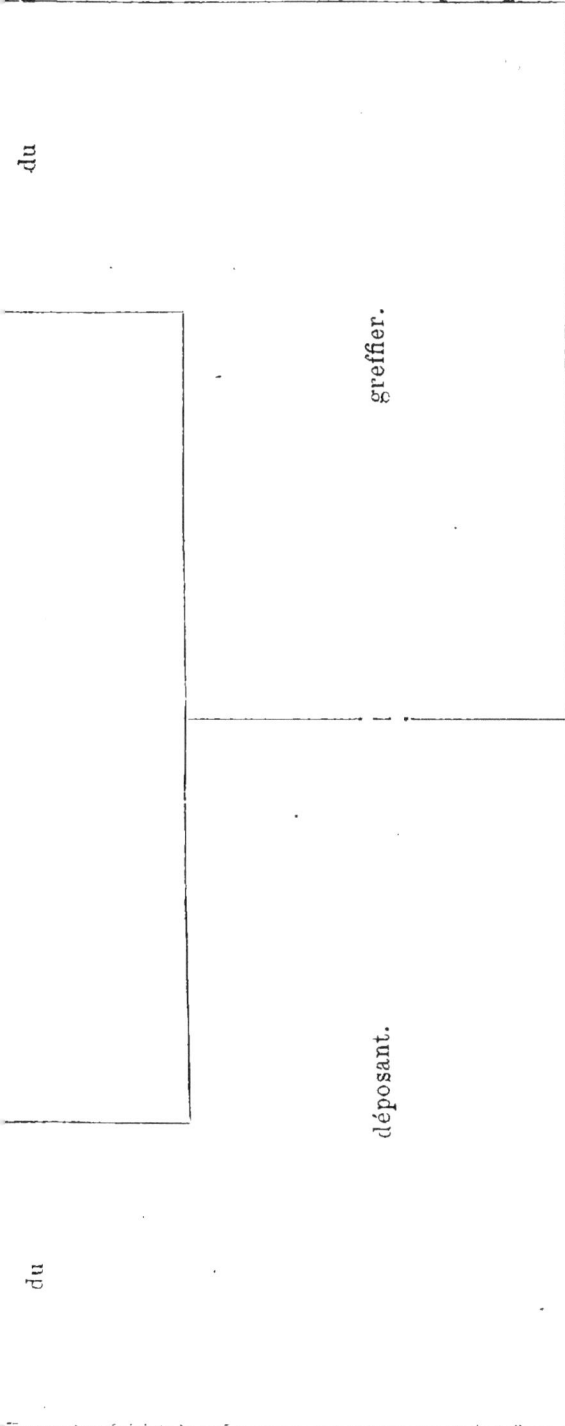

(Le papier doit former un carré de 0^m,18^c de côté.)

Le Ministre de l'Agriculture, du Commerce
et des Travaux publics,

Signé : E. ROUHER.

DES DÉPOTS AUX PRUD'HOMMES

La loi qui régit actuellement la garantie des *dessins de fabrique* et qui, par extension, protége aussi les *modèles de fabrique*, remonte à 1806.

L'application de cette loi, qui paraît restreinte au ressort du conseil des prud'hommes de la ville de Lyon, est admise par la jurisprudence comme étendant son action à tous les conseils des prud'hommes de l'Etat.

Cette loi charge spécialement le conseil des prud'hommes du soin de conserver les paquets des dessins et de constater les contraventions.

Elle indique les formalités du dépôt des dessins dont on veut revendiquer la propriété et détermine la durée temporaire ou perpétuelle que le fabricant veut y assigner.

Les dessins ou modèles doivent être nouveaux, l'ordonnance exigeant que le dépôt soit antérieur à la vente.

A la suite de réclamations élevées par plusieurs manufacturiers dont les fabriques étaient situées hors du ressort d'un conseil de prud'hommes, pour qu'il leur fût indiqué un lieu de dépôt légal des dessins de leur invention, intervint l'ordonnance royale du 29 août 1825, qui statue que, dans ce cas,

le dépôt pourra s'effectuer, soit au greffe du tribunal de commerce, soit au greffe du tribunal de première instance dans les localités où le tribunal civil
exerce cette juridiction.

MODÈLES

On reçoit également, par tolérance, au secrétariat
du conseil des prud'hommes, dans chacune de leurs
sections respectives, le dépôt des modèles d'objets
divers et d'articles d'utilité, mais il doit être bien
compris par les déposants que la propriété des modèles est exclusivement restreinte à leur forme orne-
mentale, à leur contour, enfin à la silhouette même
de l'objet, et ne s'étend nullement à la combinaison,
au procédé ni au mécanisme; cette propriété fait
dans ce dernier cas l'objet spécial de la loi sur les
brevets d'invention.

N° 1423. — *Loi portant établissement d'un Conseil de
Prud'hommes à Lyon.*

Du 18 Mars 1806.

NAPOLÉON, par la grâce de Dieu et les constitutions
de la République, EMPEREUR DES FRANÇAIS, à tous présents et à venir, SALUT.

LE CORPS LÉGISLATIF a rendu, le 18 mars 1806, le
décret suivant, conformément à la proposition faite au

nom de l'Empereur, et après avoir entendu les orateurs du Conseil d'Etat et des sections du Tribunal le même jour.

DÉCRET

TITRE PREMIER.

INSTITUTION ET NOMINATION DES PRUD'HOMMES.

Art. 1er. Il sera établi à Lyon un conseil de prud'hommes, composé de neuf membres, dont cinq négociants-fabricants, et quatre chefs d'atelier. ·

2. Le mode de nomination sera déterminé par un règlement d'administration publique.

3. Les négociants-fabricants ne pourront être élus prud'hommes s'ils n'exercent pendant six ans dans cet état, ou s'ils ont fait faillite.

Les chefs d'atelier ne pourront être élus prud'hommes s'ils ne savent lire et écrire, s'ils n'ont au moins six ans d'exercice de leur état, ou s'ils sont rétentionnaires de matières données à employer par les ouvriers.

4. Le conseil de prud'hommes se renouvellera par tiers chaque année, le premier jour du mois de janvier.

Trois membres, dont un négociant-fabricant et deux chefs d'atelier, seront renouvelés la première année.

Deux négociants-fabricants et un chef d'atelier seront renouvelés à chacune des deux années suivantes.

5. Les membres du conseil de prud'hommes sont toujours rééligibles.

TITRE II.

SECTION PREMIÈRE.

De la Conciliation et du Jugement des Contestations entre les fabricants, ouvriers, chefs d'atelier, compagnons et apprentis.

6. Le conseil de prud'hommes est institué pour terminer, par la voie de conciliation, les petits différends qui s'élèvent journellement, soit entre des fabricants et des ouvriers, soit entre des chefs d'atelier et des compagnons ou apprentis.

Il est également autorisé à juger jusqu'à la somme de soixante francs, sans forme ni frais de procédure, et sans appel, les différends à l'égard desquels la voie de conciliation aura été sans effet.

7. A cet effet, il sera tenu chaque jour, depuis onze heures du matin jusqu'à une heure, un bureau de conciliation, composé d'un prud'homme fabricant et d'un prud'homme chef d'atelier, devant lesquels se présenteront en personne les parties en contestation.

8. Il se tiendra une fois par semaine, au moins, un bureau général ou conseil de prud'hommes, lequel pourra prononcer, au nombre de cinq membres au moins, ainsi qu'il est dit dans l'article précédent, sur tous les différends qui lui auront été renvoyés par le bureau de conciliation.

9. Tout différend portant une somme supérieure à celle de soixante francs, qui n'aura pu être terminée par la voie de conciliation, sera porté devant le tribunal de commerce ou devant les tribunaux compétents.

SECTION II.

Des Contraventions aux Lois et Règlements.

10. Le conseil de prud'hommes sera spécialement chargé de constater, d'après les plaintes qui pourraient lui être adressées, les contraventions aux lois et règlements nouveaux ou remis en vigueur.

11. Les procès-verbaux dressés par les prud'hommes pour constater ces contraventions, seront renvoyés aux tribunaux compétents, ainsi que les objets saisis.

12. Le conseil de prud'hommes constatera également, sur les plaintes qui lui seront portées, les soustractions de matières premières qui pourraient être faites par les ouvriers au préjudice des fabricants, et les infidélités commises par les teinturiers.

13. Les prud'hommes, dans les cas ci-dessus et sur la réquisition verbale ou écrite des parties, pourront, au nombre de deux au moins, assistés d'un officier public, dont un fabricant et un chef d'atelier, faire des visites chez les fabricants, chefs d'atelier, ouvriers et compagnons.

Les procès-verbaux constatant les soustractions ou infidélités, seront adressés au bureau général des prud'hommes, et envoyés, ainsi que les objets formant pièces de conviction, aux tribunaux compétents.

SECTION III.

De la Conservation de la propriété des Dessins.

14. Le conseil de prud'hommes est chargé des mesures conservatrices de la propriété des dessins.

15. Tout fabricant qui voudra pouvoir revendiquer par la suite, devant le tribunal de commerce, la propriété

d'un dessin de son invention, sera tenu d'en déposer aux archives du conseil de prud'hommes, un échantillon plié sous enveloppe revêtue de ses cachet et signature, sur laquelle sera également apposé le cachet du conseil des prud'hommes.

16. Les dépôts de dessins seront inscrits sur un registre tenu *ad hoc* par le conseil de prud'hommes, lequel délivrera aux fabricants un certificat rappelant le numéro d'ordre du paquet déposé, et constatant la date du dépôt.

17. En cas de contestation entre deux ou plusieurs fabricants sur la propriété d'un dessin, le conseil des prud'hommes procédera à l'ouverture des paquets qui auront été déposés par les parties; il fournira un certificat indiquant le nom du fabricant qui aura la priorité de date.

18. En déposant son échantillon, le fabricant déclarera s'il entend se réserver la propriété exclusive pendant une, trois ou cinq années, ou à perpétuité : il sera tenu note de cette déclaration.

A l'expiration du délai fixé par ladite déclaration, si la réserve est temporaire, tout paquet d'échantillon déposé sous cachet dans les archives du conseil, devra être transmis au conservatoire des arts de la ville de Lyon, et les échantillons y contenus être joints à la collection du conservatoire.

19. En déposant son échantillon, le fabricant acquittera entre les mains du receveur de la commune une indemnité qui sera réglée par le conseil de prud'hommes, et ne pourra excéder un franc pour chacune des années pendant lesquelles il voudra conserver la propriété exclusive de son dessin, et sera de dix francs pour la propriété perpétuelle.

TITRE III.

DES RÈGLEMENTS DE COMPTE, ET DE LA POLICE ENTRE LES
MAITRES D'ATELIER ET LES NÉGOCIANTS.

20. Tous les chefs d'atelier actuellement établis, ainsi
que ceux qui s'établiront à l'avenir, seront tenus de se
pourvoir, au conseil de prud'hommes, d'un double livre
d'acquit pour chacun des métiers qu'ils feront travailler,
dans la quinzaine à dater du jour de la publication pour
ceux qui travaillent, et dans la huitaine du jour où com-
menceront à travailler ceux qu'ils monteront à neuf.

Sur ce livre d'acquit, paraphé et numéroté, et qui ne
pourra leur être refusé lors même qu'ils n'auraient qu'un
métier, seront inscrits les nom, prénom et domicile du
chef d'atelier.

21. Il sera tenu au conseil de prud'hommes, un registre
sur lequel lesdits livres d'acquit seront inscrits ; le chef
d'atelier signera, s'il le sait, sur le registre, et sur le livre
d'acquit qui lui sera délivré.

22. Le chef d'atelier déposera le livre d'acquit du métier qu'il destinera au négociant-manufacturier, entre ses
mains, et pourra, s'il le désire, en exiger un récépissé.

23. Lorsqu'un chef d'atelier cessera de travailler pour
un négociant, il sera tenu de faire noter sur le livre d'acquit, par ledit négociant, que le chef d'atelier a soldé
son compte ; ou, dans le cas contraire, la déclaration du
négociant spécifiera la dette dudit chef d'atelier.

24. Le négociant possesseur du livre d'acquit le fera
viser aux autres négociants occupant des métiers dans le
même atelier, qui énonceront la somme due par le chef
d'atelier, dans le cas où il serait leur débiteur.

25. Lorsque le chef d'atelier restera débiteur du négociant-manufacturier pour lequel il aura cessé de travailler, celui qui voudra lui donner de l'ouvrage fera la promesse de retenir la huitième partie du prix des façons dudit ouvrage, en faveur du négociant dont la créance sera la plus ancienne sur ledit registre, et ainsi successivement, dans le cas où le chef d'atelier aurait cessé de travailler pour ledit négociant, du consentement de ce dernier ou pour cause légitime : dans le cas contraire, le négociant-manufacturier qui voudra occuper le chef d'atelier, sera tenu de solder celui qui sera resté créancier en compte de matières, nonobstant toute dette antérieure, et le compte d'argent jusqu'à cinq cents francs.

26. La date des dettes que les chefs d'atelier auront contractées avec les négociants qui les auraient occupés, sera regardée comme certaine vis-à-vis des négociants et maîtres d'atelier seulement, et, à l'effet des dispositions portées au présent titre, après l'apurement des comptes, l'inscription de la déclaration sur le livre d'acquit et le visa du bureau des prud'hommes.

27. Lorsqu'un négociant manufacturier aura donné de l'ouvrage à un chef d'atelier dépourvu de livre d'acquit pour le métier que le négociant voudra occuper, il sera condamné à payer comptant tout ce que ledit chef d'atelier pourrait devoir en compte de matières, et en compte d'argent jusqu'à cinq cents francs.

28. Les déclarations ci-dessus prescrites seront portées par le négociant-manufacturier sur le livre d'acquit resté entre les mains du chef d'atelier, comme sur le sien.

TITRE IV.

29. Le conseil de prud'hommes tiendra un registre exact du nombre de métiers existants et du nombre d'ouvriers de tout genre employés dans la fabrique, pour lesdits renseignements être communiqués à la chambre de commerce toutes les fois qu'il en sera requis.

A cet effet, les prud'hommes sont autorisés à faire dans les ateliers une ou deux inspections par an, pour recueillir les informations nécessaires.

30. Les fonctions des prud'hommes négociants-fabricants sont purement gratuites.

31. Il sera attaché au conseil des prud'hommes un secrétaire et un commis avec mille francs.

32. Toutes les fonctions des prud'hommes et de leur bureau seront entièrement gratuites vis-à-vis des parties; ils ne pourront réclamer, pour les formalités remplies par eux, d'autres frais que le remboursement du papier et du timbre.

33. En cas de plaintes en prévarication portées contre les membres du conseil de prud'hommes, il sera procédé contre eux suivant la forme établie à l'égard des juges.

34. Il pourra être établi par un règlement d'administration publique, délibéré en Conseil d'État, un conseil de prud'hommes dans les villes de fabriques où le gouvernement le jugera convenable.

35. Sa composition pourra être différente selon les lieux; mais ses attributions seront les mêmes.

Collationné à l'original, par nous président et secrétaires du Corps législatif. Paris, le 18 Mars 1806. *Signé* REINAUD-LASCOUR, *vice-président* ; BONNOT, BLANC, GAUTIER, SORET (de Seine-et-Oise), *Secrétaire*.

MANDONS et ordonnons que les présentes, revêtues des sceaux de l'État, insérées au Bulletin des lois, soient adressées aux Cours, aux Tribunaux et aux autorités administratives, pour qu'ils les inscrivent dans leurs registres, les observent et les fassent observer; et notre Grand-Juge Ministre de la justice est chargé d'en surveiller la publication.

Donné en notre palais des Tuileries, le 28 Mars de l'an 1806, de notre règne le second.

Signé : NAPOLÉON.

Vu par nous Archi-Chancelier de l'Empire,
Signé : CAMBACÉRÈS.

Par l'Empereur.

Le *Grand-Juge Ministre de la justice,*

Signé : REGNIER.

Le ministre Secrétaire d'État,
Signé : HUGUES-B. MARET.

———

Nº 1599. — ORDONNANCE DU ROI, *qui sur la réclamation de Manufacturiers dont les fabriques sont situées hors du ressort d'un Conseil de prud'hommes, fixe le lieu de dépôt légal des Dessins de leur invention.*

Au château de Saint-Cloud, le 17 août 1825.

CHARLES, par la grâce de Dieu, ROI DE FRANCE ET DE NAVARRE, à tous ceux qui ces présentes verront, SALUT.

Sur le rapport de notre ministre secrétaire d'État au département de l'intérieur ;

Sur le compte qui nous a été rendu des réclamations élevées par plusieurs manufacturiers dont les fabriques sont situées hors du ressort d'un conseil de prud'hommes, pour qu'il leur fût indiqué un lieu de dépôt légal des dessins de leur invention, afin d'avoir la faculté d'en revendiquer par la suite la propriété devant le tribunal de commerce ;

Vu la loi du 18 mars 1806, titre II, section III,

La loi du 12 avril 1803 (22 germinal an XI), art. 18 ;

Notre Conseil d'État entendu,

Nous avons ordonné et ordonnons ce qui suit :

Art. 1er. Le dépôt des échantillons de dessins qui doit être fait, conformément à l'article 15 de la loi du 18 mars 1806, aux archives des conseils de prud'hommes, pour les fabriques situées dans le ressort de ces conseils, sera reçu, pour toutes les fabriques situées hors du ressort d'un conseil de prud'hommes, au greffe du tribunal de commerce, ou au greffe du tribunal de première instance, dans les arrondissements où les tribunaux civils exerceront la juridiction des tribunaux de commerce.

2. Ce dépôt se fera dans les formes prescrites pour le même dépôt aux archives des conseils de prud'hommes par les articles 15, 16 et 18, section III, titre II de la loi du 18 mars 1806.

Il sera reçu gratuitement, sauf le droit du greffier pour la délivrance du certificat constatant ledit dépôt.

3. Notre garde des sceaux, ministre secrétaire d'État de la justice, et notre ministre secrétaire d'État au département de l'intérieur, sont chargés de l'exécution

de la présente ordonnance, qui sera insérée au *Bulletin des lois.*

Donné en notre château de Saint-Cloud, le 17 août de l'an de grâce 1825, et de notre règne le premier.

Signé : CHARLES.

Par le Roi :

Le ministre secrétaire d'État au département de l'intérieur,

Signé : CORBIÈRE.

TABLE

ARMENGAUD AINÉ

MAISON FONDÉE EN 1836
pour la garantie de la
propriété industrielle
en France et à l'Étranger

BREVETS ET PATENTES

DÉPÔTS ET MARQUES
de fabrique

DESSINS DE CONSTRUCTION
Ouvrages Industriels

ARTS
INDUSTRIELS

www.ingramcontent.com/pod-product-compliance
Lightning Source LLC
Chambersburg PA
CBHW050534210326
41520CB00012B/2575